AF335881

RÉFLEXIONS

SUR LA CRISE ACTUELLE,

ET SUR

LES VÉRITABLES INTÉRÊTS DE LA FRANCE;

DÉDIÉES

A LA CHAMBRE DES REPRÉSENTANTS.

PAR M. ÉLYSÉE SULEAU.

Haudignota loquor.

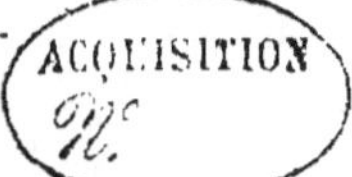

A PARIS,

CHEZ C. F. PATRIS, IMP.-LIB., RUE DE LA COLOMBE,
EN LA CITÉ, N° 4.

18 Juin 1815.

CET OUVRAGE SE TROUVE AUSSI AU PALAIS-ROYAL,

Chez MM. DELAUNAY et PELICIER;
Et chez tous les Marchands de Nouveautés.

RÉFLEXIONS

SUR LA CRISE ACTUELLE,

ET SUR

LES VÉRITABLES INTÉRÊTS DE LA FRANCE.

CHAPITRE PREMIER.

LES deux chambres créées dépositaires de la représentation nationale, ont ouvert leur première session sous la présidence du chef de l'Etat.

A une toute-puissance dictatoriale exercée par un empereur, a succédé un gouvernement impérial et représentatif. Une autorité armée, fille de la force et de la conquête, après avoir paisiblement exercé, pendant un mois, des droits absolus et indéfinis sur les ruines du gouvernement écroulé sous ses coups le 21 mars, consent elle-même enfin à se donner un frein, à poser les justes limites de ses pouvoirs et de nos droits. *Généreuse dans son triomphe, libérale dans ses principes*, cette autorité veut bien, ainsi que cet oiseau, heureux emblème du régime paternel, nous faire vivre de son propre sang, se dépouiller pour nous enrichir, se diminuer pour nous augmenter.

Ce que cette autorité pouvait certainement ne pas faire, elle a bien voulu s'y soumettre d'elle-même. Reconnaissant de sa condescendance, je n'irai donc point, avec des esprits chagrins ou turbulents, examiner jusqu'à quel point il est permis d'élever un édifice quelconque, même dans les plus strictes règles et proportions de l'art, sur un terrain qui ne nous a point été légalement concédé.

Je n'examinerai ni le genre de mode adopté pour les élections, ni la scrupuleuse exactitude et l'irréprochable bonne-foi avec laquelle les votes ont pu être recueillis et balancés ; je me garderai de parler aussi de ces regrets inévitables, de ce dégoût de la chose publique, de cette première hésitation que laissé toujours dans les esprits un gouvernement quelconque, plutôt terrassé que tombé, plutôt étouffé que mort naturellement ; hésitation toujours fatale, imprudente neutralité de la vertu et du mérite, qui a éloigné des assemblées électorales, et par suite de la chambre des représentants, un grand nombre de citoyens capables et surtout de propriétaires appelés à y figurer en première ligne.

Trop de raisonnement, dit-on, mène à l'ingratitude. Choisit-on, au fort de la tempête, ses moyens de salut? Heureux encore d'apercevoir entre le souverain et la nation une puissance intermédiaire ; heureux de pouvoir signaler parmi les dépositaires de cette puissance quelques hommes d'un mérite reconnu et d'une énergie éprouvée dans nos longs orages ; heureux surtout de reconnaître sur le fauteuil du président un homme d'un caractère ferme et qui ne s'est point encore démenti, je m'adresserai avec confiance à l'honorable assemblée. Puisse-t-elle ne pas désapprouver ma sincérité ! elle doit savoir qu'elle ne serait une vertu qu'aux jours du despotisme. Puisse-t-elle ne pas oublier que sous ces mêmes voûtes, théâtre de ses délibérations actuelles, ont retenti pour la première fois, en 1813, après un trop long intervalle, des paroles graves et généreuses puisse-t-elle se le rappeler sans cesse, et oublier, s'il est possible, quel en fut l'effet et la récompense !

De tous les intérêts commis à la responsabilité des représentants, de tous les projets de loi qui peuvent lui être présentés par les ministres du chef de l'Etat, rien ne me paraît plus grave, plus digne de leur attention que cette grande question : La guerre qui éclate en ce moment peut-elle être déclarée nationale, c'est-à-dire, l'obligation est-elle, et peut-elle être imposée aux citoyens de la soutenir par tous les moyens et toutes les ressources inusitées dans l'état de guerre ordinaire ? Dans leur décision à cet égard, se trouve pour nos représentants la mesure de la reconnaissance ou de la haine des générations présentes et à venir.

Je vais essayer d'abord de définir la guerre dite *nationale*.

~~~~~~~~~~~~~~~~~~~~~~~~~~~~~~~~~~

CHAPITRE II.

De la guerre nationale.

Il est inuttile de prouver que toute guerre n'est point nationale. Quelques guerres sont plus particulièrement celles des peuples, d'autres plus particulièrement celles des gouvernements.

La politique des gouvernants, active et surveillante, les yeux fixés sur le mouvement des cabinets, tient en ses mains la balance où sont pesés les intérêts des nations: si l'un des côtés vient à pencher, elle s'alarme, demande au peuple menacé des sacrifices
~~~~~~~~~~~~~~~~~~~~~~~~~~~~~~~~~~

nécessaires, et reçoit souvent des mains de la victoire le poids qui rétablit l'équilibre.

La guerre alors n'a point été nationale ; telles sont celles qui, à quelques exceptions près, remplissent les annales européennes pendant un espace de plus de six cents ans. Quelquefois néanmoins une guerre politique dans le principe, peut devenir nationale par une longue suite de revers ; la guerre eût été nationale en 1525, si Charles-Quint, après la bataille de Pavie, où tout fut perdu *fors l'honneur*, eût pressé plus activement la France ébranlée et momentanément veuve de son roi. Elle l'eût encore été en 1714, si Villars n'eût vaincu à Denain et traité à *Rastadt*.

En général, il suffit de dire que toute guerre prend un caractère national, quand il ne s'agit plus pour un état de la conservation de quelques parties, mais de la totalité ; quand il s'agit pour lui d'être encore ou de cesser d'être. La guerre fut nationale en Europe, en 1307, pour les montagnards suisses, luttant contre le despotisme autri-

chien; elle le fut en 1768 pour les confédé-
rés polonais, aux prises avec trois nations
voisines; elle le fut en 1774, pour les Etats-
Unis, opérant leur scission d'avec la métropole, et malgré la métropole; elle le fut
pour la France en 1793; elle le fut pour
l'Espagne en 1808; elle le devint dans les
derniers temps pour la Russie, accablée par
une invasion européenne. Dans ces différentes crises, les intérêts des Etats et de
leurs chefs, réuni en un seul et indissoluble faisceau, étant évidemment compromis, il fallut, pour échapper à l'anéantisse-
ment, recourir à toutes les mesures extraordinaires et inusitées dans les relations so-
ciales.

La France, en 1814, eût soutenu une
guerre incontestablement nationale sans le
traité de Fontainebleau, qui délivra Paris,
et pacifia l'Europe.

La guerre qui commence aurait encore le
même caractère, si les coalisés, revenant sur
leurs pas, eussent violé les premiers un

pacte solennellement consenti ; mais il n'en est point ainsi ; le gouvernement français seul a violé les garanties premières du traité ; il a attaqué l'édifice par la base, et l'édifice a croulé.

Ses concessions en 1814 nous donnèrent la paix ; reconquises par lui en 1815, elles nous ramènent la guerre. Compagne inséparable de ses destinées, elle s'éteignit avec lui et se ranime avec lui ; il ne s'agit donc point ici d'attitude offensive ou défensive ; peu importe de savoir dans quelles mains auront brillé les premiers glaives, de quels rangs seront partis les premiers coups : dès le 21 mars la guerre était déclarée, et l'Europe entière provoquée.

C'est donc le gouvernement qui prend les armes pour défendre son existence, et non la nation entière menacée dans ses droits et son indépendance ; mais si les chances qu'il va courir sont des chances de mort, pourquoi les courrions-nous tous avec lui ?

pourquoi l'étoile de quelques-uns serait-elle l'étoile de tous ?

S'il est vrai que nous avons tous souscrit au traité de Fontainebleau, qui nous force à redescendre tous si promptement dans l'arène, encore haletants et fatigués ?

Le droit de faire la guerre et la paix est attribué par la constitution au chef de l'état. Si, créée par lui, la représentation nationale a contracté l'obligation de l'assister, elle ne peut le faire qu'avec les moyens et les ressources d'un état de guerre ordinaire, et non avec tous ceux qui caractérisent une guerre essentiellement nationale, dont nous avons précédemment posé les bases et fixé les traits distinctifs ; car encore unefois, provoquer toute l'Europe, n'est pas être attaqués par toute l'Europe. Les chambres se compromettraient gravement, si mandataires infidèles, elles outrepassaient leurs pouvoirs en substituant des volontés et des intérêts particuliers à une volonté et un intérêt général ? Si le dévoûment existe partiellement, que le gouverne-

ment s'en fasse un rempart ; mais le dévoue-
ment ne peut être décrété par les chambres
pour la masse entière qu'elles représentent.

Les mesures extraordinaires et inusitées
ne peuvent appartenir, disons - nous, qu'à
une guerre réellement nationale, et la guerre
ne peut être nationale, là où n'est pas la nécessité de vaincre pour éviter de périr, là
où n'est point l'unanimité, là où sont des
intérêts qui se combattent, là où sont des
passions et des couleurs diverses, et non
des hommes forcés de lutter tous pour le
passé et pour l'avenir, pour les tombeaux
de leurs pères et les berceaux de leurs fils.

Je crois avoir suffisamment démontré que
nous n'étions pas réduits par les peuples
coalisés (et leurs manifestes du jour, comme
leur conduite antérieure en font foi), aux
extrémités d'une guerre nationale qui sont
toujours celles du désespoir. Je pourrais ap-
pronfondir davantage cette matière, mais
il est des choses qu'il suffit d'indiquer ; je
ne doute pas au reste qu'elle n'ait déjà été

l'objet des méditations de plusieurs représentants.

De nouveaux subsides pour la guerre
n'ont pu être votés chez nos voisins, sans
que de nombreux débats se soient élevés
dans la chambre des communes à la face
de l'Europe entière. De plus grands intérêts sont entre les mains de nos représentants, et l'Europe et la postérité les regar-
dent aussi.

Il me sera facile maintenant de démontrer
dans le chapitre suivant, que cette guerre,
quelles que soient ses chances, de quelque
côté que soient les larmes ou les chants de
triomphe, que cette guerre, dis-je, ne peut
avoir que des résultats déplorables.

C'est par des considérations tirées de notre
position, et de la direction même des esprits en France, que j'appuierai mon opinion : l'avenir, dit-on, n'appartient point
aux hommes, mais quiconque raisonne juste
et sans passion est souvent prophète.

CHAPITRE III.

Quel est en France, à l'époque où nous sommes parvenus, le vœu de tous les cœurs, le but vers lequel marchent tous les bons esprits? Que demande, que veut l'opinion la plus universellement répandue dans la saine partie de la nation? Cette opinion, fille des lumières et de l'expérience, a prononcé pour une monarchie constitutionnelle. Après de nombreux essais, qui tous ont été des révolutions différentes, après avoir été rejettés par les passions d'un excès à un autre excès, après avoir passé successivement de l'anarchie au despotisme, c'est-à-dire du droit de tout faire à la nécessité de tout endurer, la force des choses et des événements nous a ramenés au système d'une monarchie tempérée, comme au seul mode de gouvernement qui, par une égale répartition des droits, par de justes bornes posées entre les pouvoirs, puisse maintenir

entre eux un équilibre salutaire, neutra-
liser les passions de part et d'autre, et assurer
le bonheur de tous. Si cet état de choses
est aux yeux de la majorité le seul vraiment
désirable, le seul digne de l'être, c'est à
cet état de choses qu'il faut tendre et arriver.
Devant un tel résultat tout obstacle doit
disparaître, toute passion individuelle qui
veut s'isoler de la direction générale, est
un vent contraire qui retarde la marche du
vaisseau ; tout homme public, tout déposi-
taire du pouvoir, s'il ne tend point à un
terme une fois reconnu de tous, est un pi-
lote perfide ou inexpérimenté qui reste en
panne, et s'expose encore à la tempête,
quand le port a été signalé.

L'objet de la volonté générale étant bien
défini et arrêté, examinons à présent jusqu'à
quel point la guerre actuelle peut nous en
éloigner ou nous en rapprocher : c'est éta-
blir, je pense, la véritable mesure de ses
inconvénients et de ses avantages, et consé-
quemment des sacrifices qui doivent être
accordés ou refusés.

Il serait difficile de prouver que la lutte dans laquelle nous nous engageons ne s'ouvre pas pour nous avec une double infériorité de forces et de droits : de forces, puisqu'il s'agit d'une seule nation aux prises avec toutes; de droits, puisque la première clause du traité violée par nous a seule rallumé la guerre. Cependant, pour accorder quelque chose à l'amour-propre national , je veux bien admettre, s'il le faut, qu'une seule nation , fatiguée par vingt ans de guerre, travaillée par la diversité d'opinions, déchirée par des troubles intérieurs , puisse à elle seule triompher de l'Europe entière. Eh bien , quel serait le résultat de cette nouvelle extermination , de ces flots de sang ajoutés à tant de sang déjà répandu? serait-ce la conquête, ce vain fantôme de grandeur que met toujours le despotisme militaire à la place des biens plus précieux qu'il nous ravit, la paix et la liberté? Non, ce ne peut être la conquête, elle est désormais impossible ; l'ambition dans son délire ne peut plus rêver le système d'un empire universel; l'envahissement est incompatible avec le pro-

grès des lumières et ces mêmes idées libérales qui nous sont si chères ; la philoso-
phie a révélé aux peuples , comme aux indi-
vidus , le secret de leurs forces et de leurs
droits. De long - temps ceux qui boivent
les eaux de l'Elbe et de l'Oder, ne frater-
niseront avec ceux que désaltère la Seine
ou la Marne ; de long - temps les montagnards des bouches du Cattaro, ne seront
français , comme les paysans de la Cham-
pagne et de la Picardie.

Au reste, pourquoi combattre sérieuse-
ment des projets qui ne sont plus ceux du
souverain ? Désormais philantrope et pacifi-
que, nous dit-on, désormais converti par l'expérience, et revenu à des idées plus douces et
plus morales, il veut bien renoncer à son an-
cienne domination, et nous pouvons y croire:
Paris fortifié et palissadé , nous garantit que
Moskou ne sera point incendié de nouveau.
Ce sont donc les résultats de la victoire
sans agrandissement qu'il faut examiner ;
en ne perdant surtout point de vue dans
cet examen l'objet de la volonté générale

en France, c'est-à-dire, l'établissement pai-
sible et inébranlable d'une monarchie constitutionnelle.

Hélas! même avec des chances heureuses
pour le gouvernement, la guerre nous éloi-
gne plus que jamais de ce terme si vive-
ment désiré ; le gouvernement se consolide,
mais nos droits et nos plus chers intérêts
sont inévitablement compromis ; alors le
despotisme, qui n'a encore qu'un pied dans
la tombe, se relève, et armé de toutes les
constitutions de l'empire, et de l'acte additionnel, met de nouveau sous ses pieds la
liberté tremblante et garottée. La partie mi-
litante de la nation acquiert de plus en plus
sur l'autre une prépondérance fatale.

La guerre une fois rallumée ne pouvant
plus s'éteindre, il faut que le gouvernement
encourage, stimule, anime sans cesse par
tous les moyens ceux qui la soutiènent ; cha-
que année, quelques-uns des droits de tous
sacrifiés à plusieurs, sont les honteuses in-
demnités offertes par le pouvoir qui dispose

à la force qui exécute. En vain m'objecte-
rait-on la *modération reconnue*, *l'équité*
éprouvée du souverain ; supérieur à toutes
les lois, excepté à celles de la nécessité, il
ne tient pas plus à lui de cesser d'être absolu, qu'il ne tenait à Titus de cesser
d'être bon ; et sa lourde épée, comme celle
du Gaulois Brennus, sera toujours là pour
faire pencher la balance.

Tels seraient les résultats de la guerre, en
la supposant même heureuse ; mais que de
chances pour qu'elle ne le soit pas !

L'intrépidité de nos soldats, les talents
de nos officiers, sont, il est vrai, connus
de l'univers entier (1) ; mais qui peut, en
considérant notre infériorité de nombre,
nos divisions intestines, compter de bonne

---

(1) L'auteur de cet écrit est loin de ne pas rendre
hommage à la réputation militaire de l'armée dans
les rangs de laquelle il a eu l'honneur de servir.
Officier de cavalerie retiré, il a eu les deux pieds
gelés et amputés dans la retraite de Moscow.

foi sur un succès général et soutenu, contre
la coalition la plus formidable, la plus una-
nime, dont ayent fait mention les annales de
l'histoire, et dans les rangs de laquelle se
trouvent aussi des peuples belliqueux, et
des chefs expérimentés?

La France peut donc être envahie dans
toutes ses parties, et le gouvernement ne
l'ignore pas; l'attitude militaire de Paris,
les fossés, les redoutes, les palissades dont
les citoyens ont été forcés d'aller armer
volontairement les buttes de Montmartre,
les bocages de Romainville, et tous nos
riants alentours, prouvent assez que l'ar-
rivée des alliés dans nos murs ne serait
point un événement imprévu.

Mais alors, vaincus après une lutte pro-
longée, quel avenir nous attend? qui peut
sans frémir en envisager l'affreuse perspec-
tive? Les passions aigries de part et d'autre
amèneront des réactions; les passions des-
cendront de nouveau dans l'arène, et la
clôture de la révolution française est ajour-
née à un terme indéfini.

Cependant pourquoi faut-il que tant de
sang soit encore répandu? que tant de larmes soient versées ? que les villes et les
hameaux soient incendiés? que la jeunesse,
espoir de la patrie, et véritable printemps
de l'année, selon l'expression touchante de
Périclès, soit encore prodiguée sur les
champs de bataille? que lorsque tout rit et
s'embellit dans la nature, de longues files
d'ambulances chargées de Français mutilés
et souffrants, viènent encore, comme l'année dernière, attrister tous les regards, et
navrer tous les cœurs? Pourquoi tant de
maux, qui pourraient être évités, ne le
seraient-ils pas? Serait-ce parce que les
hommes ne veulent pas s'entendre? Je pense
cependant que, quelque embrouillé que
soit le nœud gordien, il pourrait être dé-
noué sans l'épée d'Alexandre.

CHAPITRE IV.

J'ai considéré la guerre actuelle, dans les
trois premiers chapitres, comme également

funeste dans toutes ses chances ; j'ai démontré qu'elle ne pouvait être nationale, puisqu'entreprise pour la défense du gouvernement, et non de la nation, elle compromettrait les intérêts de tous, pour consolider les intérêts de plusieurs. Je ne m'arrêterai point à prouver qu'un peuple ne doit se sacrifier pour son gouvernement, que quand il existe entre lui et ce gouvernement un pacte indissoluble ; qu'un tel pacte ne peut avoir été consenti depuis le 21 mars, puisqu'aucunes des formes légales, qui seules pourraient lui donner un caractère d'inviolabilité, n'ont été, ni n'ont pu être employées entre les parties contractantes. Je ne m'arrêterai pas davantage sur cette prétendue majorité de votes à l'acte additionnel dont s'appuie le gouvernement ; car, lors même que le mode adopté pour recueillir ces votes eût été moins abusif et moins défectueux, cette majorité favorable ne serait-elle pas encore complètement illusoire, puisque la même force armée qui avait amené le souverain du golfe Júan à Paris, et lui avait donné la puissance de nous enjoindre de voter, lui donnait aussi les moyens de braver cette majorité, dans le cas où elle eût été négative ?

Il me reste donc à considérer dans ce dernier chapitre, la guerre actuelle dans l'influence pernicieuse qu'elle peut exercer en France sur l'*esprit public*, premier ressort des gouvernements constitutionnels, dit Montesquieu, comme l'*honneur* pour les monarchies absolues.

On ne peut se dissimuler que les guerres continuelles que nous avons soutenues depuis douze ans, non pour le salut de la France, mais pour une extension de territoire plus funeste qu'avantageuse, ont retardé la marche des esprits, le développement et les progrès des idées vraiment fortes et libérales.

A la fin de nos troubles, tous les esprits sages et éclairés sentirent la nécessité de placer en quelque sorte sous la sauvegarde du trône les institutions fortes, les bonnes

lois, l'heureuse répartition des droits, pré-
cieuses conquêtes des lumières du siècle,
payées par tant de travaux et de sacrifices.
Les opinions étaient partagées, les esprits
encore irrésolus, que déjà le premier consul
avait le pied sur les degrés de ce trône que la
multitude croyait n'entrevoir que dans un
avenir lointain ; déjà, pour les yeux obser-
vateurs et pénétrants, il était facile de dis-
tinguer, à côté des derniers faisceaux du
pouvoir consulaire, le diadème et la pour-
pre impériale dont allait se revêtir un général républicain, seul héritier de toutes nos
révolutions. Enfin, la France eut un empereur, cet empereur s'affermit, il rallia, et
fit marcher toutes les passions dans une
seule et même direction ; le résultat d'une
telle combinaison devait être prodigieux,
l'Europe entière en fut ébranlée, et les plus
éclatants triomphes signalèrent ce règne, jusqu'au moment où les désastres les plus
inouis en vinrent marquer le terme.

Alors quand les prestiges de la victoire
furent dissipés, et notre puissance colos-

sade renversée, les sages virent avec effroi
que de maux cachés recelait ce vain appa-
reil de grandeur. Une atteinte mortelle avait
été portée à l'esprit public ; plus on observa,
plus la plaie parut profonde. Cette longue
habitude d'un régime despotique , revêtu
de formes constitutionnelles , n'avait que
trop appris à prendre les mots pour les
choses, et avait singulièrement embrouillé,
pour la multitude, les idées même du bien
et du mal.

Habitués à recevoir d'autrui leur direction, les cœurs s'étaient énervés ; et toute
l'activité de l'esprit, comme toute la force
de l'âme, s'était portée dans les camps.

L'esprit public qui ne peut être vivifié
et fortifié que dans les intervalles de paix ,
par l'étude des lettres, les spéculations com-
merciales, et les discussions parlementaires;
l'esprit public, dis-je, devait nécessairement
s'être éteint, et avoir fait place à une ému-
lation de servilité et de complaisance.

Dès-lors la représentation nationale avait

dû être nulle, et les formes constitutionnelles dont étaient revêtues tous les actes du
pouvoir arbitraire n'avaient servi qu'à con-
sacrer sa puissance, semblables à ces rois
esclaves, qui, dans l'antiquité, marchaient
derrière le char du vainqueur pour rehaus-
ses ses pompes triomphales.

Cependant quand le trône impérial se fut
écroulé, et quand la France fut réduite à
ses anciennes limites, le besoin d'une représentation nationale assise sur des bases
solides, et placée hors des atteintes de la
puissance suprême, se fit sentir dans toutes
les opinions; l'esprit public se réveilla, et
dès-lors des idées plutôt comprimées qu'é-
teintes commencèrent à se développer de
nouveau dans tous les cœurs; mais le passage
brusque de l'anarchie au despotisme consulaire et impérial, avait laissé des traces trop
profondes pour qu'elles pussent être si
promptement effacées : il en est résulté une
incohérence dans les idées, une division dans
les volontés et dans les intérêts, dont l'ordre
social se ressentira long-temps en France.

La scène qui se passe aujourd'hui sous nos yeux, et les différentes circonstances de la révolution actuelle, ne le prouvent que trop.

N'avons-nous pas vu, dans le dernier mois, la puissance arbitraire aux abois, forcée de revêtir, pour assurer sa conquête, les livrées de cette liberté qui ne fut jamais que la licence ?

N'avons-nous point vu des fédérés patriotes fraterniser avec de vieilles bandes dont les feuilles publiques nous vantent sans cesse le dévoûment absolu et exclusif à une majesté impériale ?

N'avons-nous point vu des nobles du jour rayonnants de crachats et traînés dans des voitures armoriées, chargés d'instruire, au nom de l'égalité et de la liberté, le procès des ex-nobles auxquels il était urgent de faire expier leur résurrection d'une année ?

N'avons-nous point vu dans un des théâtres de la capitale, le bonnet rouge placé

par la multitude sur le diadème impérial,
alliance bizarre, mais peu durable, des élé-
ments les plus opposés entre eux ? C'est au
nom d'un souverain, c'est par des agents
titrés eux-mêmes que des passions criminelles ont été réveillées, qu'une classe de
la société a été dénoncée à la haine et à
l'envie de l'autre. Tentatives criminelles et
imprudentes ! car si l'esprit de 93 pouvait
se rallumer en France, ne prendrait-il pas
également ses victimes et dans les débris de
l'ordre de choses renversé par la première
révolution, et dans les dépositaires du pouvoir à cette époque, alors citoyens pauvres
et entreprenants, aujourd'hui riches, com-
blés d'honneurs et partisans par leur position
même d'un ordre de choses essentiellement
aristocratique, quelles qu'en soient les couleurs et la dénomination ?

Je viens de signaler dans le corps politique des symptômes d'une maladie longue
et cruelle ; quel est le sort qui nous attend,
s'ils sont encore aggravés par les maux et
les désordres inséparables de la guerre ?

La paix seule pourrait, en ranimant, en réunissant l'esprit national, en cicatrisant les anciennes blessures, au lieu d'en ouvrir encore de nouvelles, nous amener à un gouvernement sagement constitutionnel, tel que nous le souhaitons tous.

Mais, au moment où j'écris, déjà le canon tonne sur toutes nos frontières, et ma faible voix ne sera point entendue.

Toutefois, les dangers de la patrie sont trop imminents, pour que Napoléon n'en ait pas déjà senti toute l'étendue.

« Comme ce roi d'Athènes, a-t-il dit au Champ de Mai, en rappelant sa conduite passée, je crus devoir me sacrifier pour la patrie ».

La patrie n'est pas moins chère à Napoléon cette année ; les dangers qui la menacent ne sont pas moindres ; ni moins nombreux, ni moins formidables, les Héraclides sont à toutes nos portes : qu'avons-nous droit d'espérer ?

Ce furent les Oracles, dit l'histoire, qui prescrivirent à ce roi d'Athènes son glorieux dévoûment.

Les Oracles ont-ils parlé cette année, ont-ils été consultés? Je ne sais; mais il est deux oracles dont les arrêts sont infaillibles, qui s'énoncent sans ambiguïté, et qui doivent être entendus tôt ou tard. Ces deux oracles puissants, également à l'abri de la force des baïonnettes, et des atteintes d'une *police libérale*, sont la JUSTICE DIVINE, et la POSTÉRITÉ.

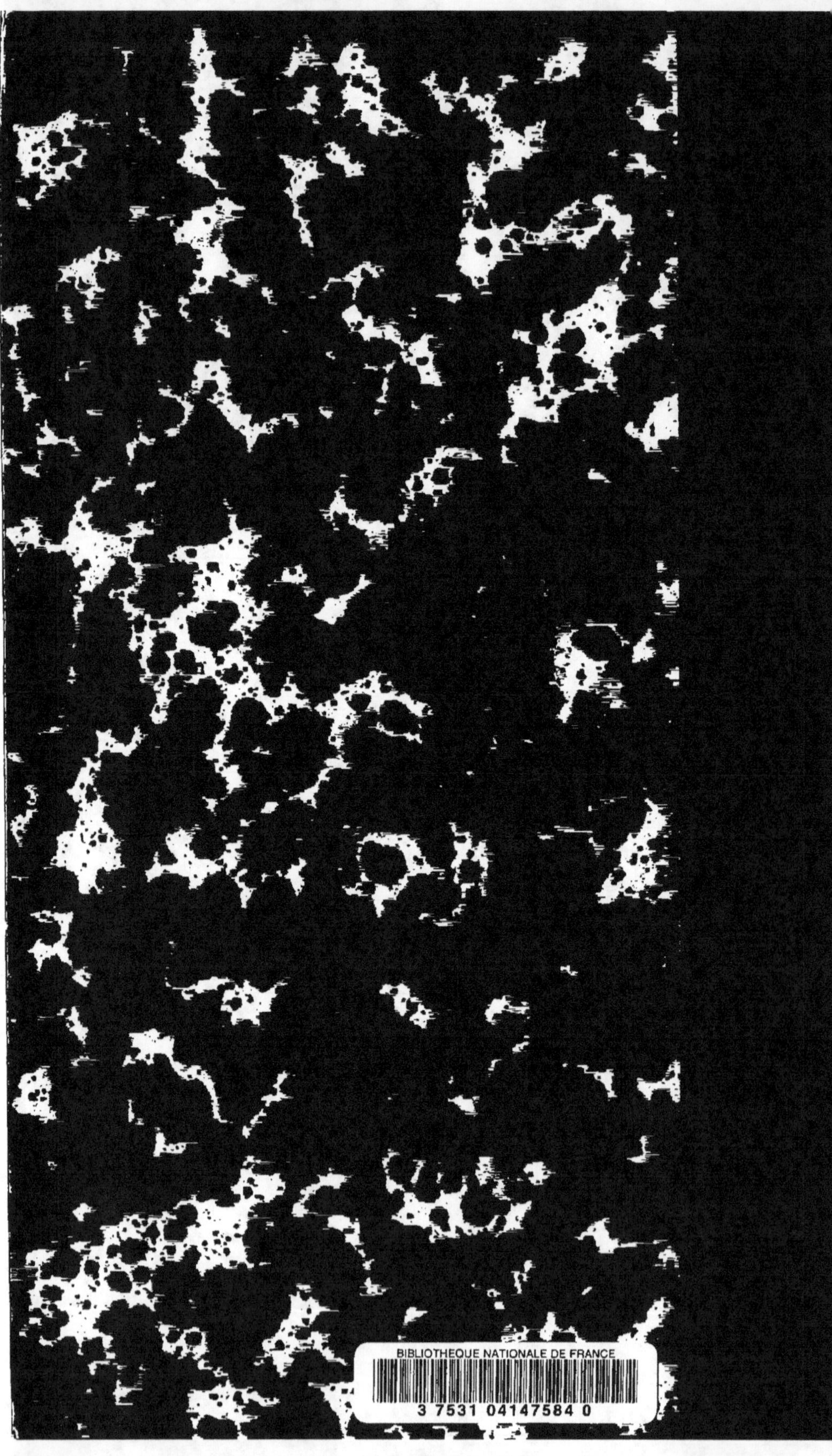

www.ingramcontent.com/pod-product-compliance
Lightning Source LLC
LaVergne TN
LVHW012308050726
842524LV00004B/1269